BEI GRIN MACHT SICH
WISSEN BEZAHLT

Mathias Riechert

Entwicklung einer Wissensmanagementstrategie für den Lehrstuhl Wirtschaftsinformatik

GRIN Verlag

Bibliografische Information der Deutschen Nationalbibliothek:

Die Deutsche Bibliothek verzeichnet diese Publikation in der Deutschen National-
bibliografie; detaillierte bibliografische Daten sind im Internet über http://dnb.d-
nb.de/ abrufbar.

Impressum:

Copyright © 2011 GRIN Verlag GmbH
Druck und Bindung: Books on Demand GmbH, Norderstedt Germany
ISBN: 978-3-640-91236-0

Dieses Buch bei GRIN:

http://www.grin.com/de/e-book/171755/entwicklung-einer-wissensmanagement-
strategie-fuer-den-lehrstuhl-wirtschaftsinformatik

GRIN - Your knowledge has value

Der GRIN Verlag publiziert seit 1998 wissenschaftliche Arbeiten von Studenten, Hochschullehrern und anderen Akademikern als eBook und gedrucktes Buch. Die Verlagswebsite www.grin.com ist die ideale Plattform zur Veröffentlichung von Hausarbeiten, Abschlussarbeiten, wissenschaftlichen Aufsätzen, Dissertationen und Fachbüchern.

Besuchen Sie uns im Internet:

http://www.grin.com/

http://www.facebook.com/grincom

http://www.twitter.com/grin_com

PRAXISPROJEKT

ENTWICKLUNG EINER WISSENSMANAGEMENT-STRATEGIE FÜR DEN LEHRSTUHL WIRTSCHAFTSINFORMATIK, INSB. INFORMATIONS-MANAGEMENT

LEHRSTUHL FÜR WIRTSCHAFTSINFORMATIK,
INSBES. INFORMATIONSMANAGEMENT
FAKULTÄT WIRTSCHAFTSWISSENSCHAFTEN
TECHNISCHE UNIVERSITÄT DRESDEN

EINGEREICHT AM: **08.03.2011**

EINGEREICHT VON: **MATHIAS RIECHERT**

ENTWICKLUNG EINER WISSENSMANAGEMENTSTRATEGIE FÜR DEN LEHRSTUHL WIRTSCHAFTSINFORMATIK, INSB. INFORMATIONSMANAGEMENT

Mathias Riechert

1. Schlüsselworte

Wissensmanagement, Integration, Wissensleitbild, Wissensziel, Wissensmanagementstrategie, Wiki, Methoden, Werkzeuge, Templates

2. Kontext der Arbeit

Wissen ist zentraler Inhalt jeder Forschungstätigkeit und muss als kritische Ressource verstanden und organisiert werden. Normative, strategische und operative Wissensziele dienen im wissenschaftlichem Umfeld der Entwicklung und Bewahrung zentraler Kompetenzen und stellen sicher, dass allen Mitarbeitern der Zugriff auf diese Technologien gesichert bleibt (vgl. Probst, Raub, & Romhardt, 2006, S. 40). Eine Systematisierung und Erweiterung bestehender Wissensziele ermöglicht damit eine tiefere Verankerung von Wissensmanagementmethoden im täglichen Umfeld.

Inhalt der vorliegenden Arbeit ist die Ausarbeitung einer Wissensstrategie für den Lehrstuhl Wirtschaftsinformatik (WI) insb. Informationsmanagement (IM). Diese wird auf Basis einer Befragung der Mitarbeiter hinsichtlich vorhandener Wissensziele, eingesetzter Werkzeuge, aktueller Probleme und möglicher Lösungsansätze erarbeitet. Die anschließend erfolgende Evaluation hat die Umfassende Diskussion und Bewertung der Lösungsansätze zum Ziel um neben dem Wissensleitbild ein konkret umsetzbares Instrumentarium an Methoden bereitzustellen.

INHALT

ABKÜRZUNGEN

Abkürzung	Bedeutung
IM	Informationsmanagement
WIINF	Wirtschaftsinformatik
WYSIWYG	What You See Is What You Get

ABBILDUNGEN

TABELLEN

1 EINLEITUNG

1.1 PROBLEMSTELLUNG

Wissen ist zentraler Inhalt jeder Forschungstätigkeit. Besonders in diesem Umfeld muss Wissen als kritische Ressource verstanden und organisiert werden. Der Umfang der Zielgruppe ist am Lehrstuhl Wirtschaftsinformatik, insb. Informationsmanagement mit acht Mitarbeitern verglichen mit einer Firma gering, was eine Bewertung insbesondere für komplexere Wissensmanagementinstrumente notwendig macht. Mittels einer Befragung der Lehrstuhlmitarbeiter werden aktuelle Probleme und mögliche Lösungsansätze identifiziert. Ziel des vorliegenden Praxisprojekts ist die Ausarbeitung einer Wissensmanagementstrategie ausgehend von normativen, strategischen und operativen Wissenszielen. Der Fokus liegt dabei auf der Bewertung möglicher Methoden und die Ausarbeitung von Templates zum Einsatz in der Zielsystemlandschaft.

Kernfragen:

[1] Welche Probleme bestehen bezüglich des Wissensmanagements?

[2] Welche Lösungsansätze sind denkbar?

[3] Normative / Strategische / Operative Wissensziele?

[4] Welche Lösungsansätze lassen sich im Rahmen einer Wissensmanagementstrategie umsetzen?

1.2 AUFBAU DES PROJEKTS

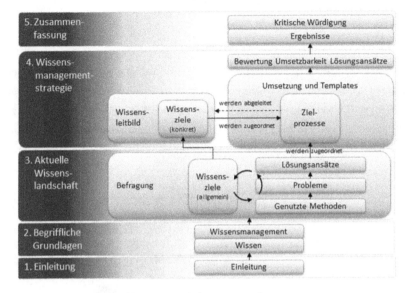

ABBILDUNG 1: AUFBAU DER ARBEIT

Abbildung 1 zeigt den Aufbau der Projektarbeit. Ausgangspunkt ist die Ermittlung des Ist-Zustandes der aktuellen Wissenslandschaft. Als Erfassungsmethode wird eine Befragung der Lehrstuhlmitarbeiter WI insb. IM bezüglich bestehender Wissensziele, genutzter Methoden, aktueller Probleme und möglicher Lösungsansätze genutzt. Die ermittelten allgemeinen Wissensziele werden als normativ, strategisch oder operativ klassifiziert. Darauf aufbauend wird in Kapitel 4 ein Wissensleitbild mit konkret umsetzbaren Wissenszielen generiert. Innerhalb des Leitbildes stehen einzelne Ziele miteinander in kausaler Verbindung und bilden Wissenszielprozesse über mehrere Ebenen hinweg (von normativ über strategisch zu operativ) ab. Nach der Zuordnung der Lösungsansätze zu den Wissenszielprozessen werden die konkrete Umsetzung untersucht und konkrete Lösungen und Templates vorgeschlagen. Abschließend finden eine Bewertung der Umsetzbarkeit und eine Evaluation des Einführungsaufwands und Nutzens der Lösungsansätze statt.

2 BEGRIFFLICHE GRUNDLAGEN

2.1 WISSEN

Wissen stellt die Abbildung realer Verhältnisse, Zustände und Vorgänge auf Modelle von der Außenwelt dar, über die ein Individuum oder eine Organisation verfügt (vgl. Strohner, 1990, S. 215 ff.) und „besteht aus vielen Informationen" (Steinmüller, 1993, S. 236). Abbildung 2 verdeutlicht den Zusammenhang zwischen Zeichen, Daten, Information und Wissen. Wissen erweitert Informationen um Pragmatik.

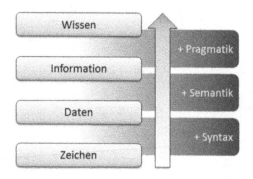

ABBILDUNG 2: ZEICHEN, DATEN, INFORMATION UND WISSEN NACH REHÄUSER & KRCMAR, 1996, S. 3

Wissen wird weiterhin nach der Zugänglichkeit in implizites und explizites Wissen differenziert (vgl. Polanyi & Sen, 2009). Implizites Wissen ist schwer formalisierbar, kommunizierbar und teilbar, da einzelne Personen Wissensträger sind. Subjektive Einsichten und Intuition bilden implizites Wissen. Es ist in den Handlungen, Idealen, Werten oder Gefühlen und Erfahrungen von Individuen verankert (vgl. Rehäuser & Krcmar, 1996, S. 7). Um implizites Wissen in einer Organisation verarbeiten, übertragen und speichern zu können, muss es in dokumentiertes explizites Wissen überführt werden (vgl. Nonaka & Takeuchi, 1995, S. 9). Abbildung 3 zeigt eine Systematisierung der Wissensarten.

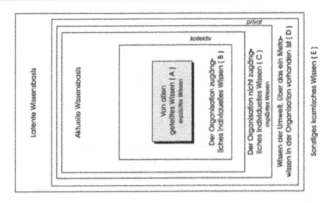

ABBILDUNG 3: SCHICHTENMODELL DER ORGANISATORISCHEN WISSENSBASIS (REHÄUSER & KRCMAR, 1996, S. 9)

2.2 WISSENSMANAGEMENT

Es gibt verschiedene Ansätze den Prozess des Wissensmanagements zu systematisieren. Das Spiralmodell von Nonaka und Takeuchi (1995, S. 71) fokussiert insbesondere den Prozess der Externalisierung. Im Lebenszyklusmodell von Picot und Franck (1988, S. 611) liegt der Fokus auf Umsetzung von Managementphasen im Wissensmanagementbereich. Basis für die Befragung der wissenschaftlichen Mitarbeiter des Lehrstuhls Wirtschaftsinformatik insb. Informationsmanagement ist das zyklische Bausteinmodell nach Probst, Raub & Romhardt (2006).

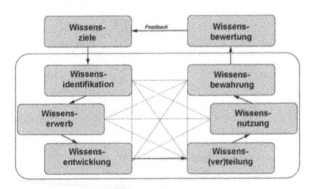

ABBILDUNG 4: BAUSTEINMODELL NACH PROBST ET AL. (2006)

3 AKTUELLE WISSENSLANDSCHAFT

3.1 BEFRAGUNG

Um den Ist-Zustand der aktuellen Wissenslandschaft zu erfassen wird eine Befragung von vier der sieben wissenschaftlichen Mitarbeiter des Lehrstuhls WI insb. IM. durchgeführt. Ergänzt werden die gewonnenen Erkenntnisse um Informationen aus der Website, der Selbstdarstellung des Lehrstuhls und der Prozesslandkarte (Stand 2008).

Als Methode wurde auf Experteninterviews zurückgegriffen. Ziel ist die Strukturierung des Problemfeldes, wofür Expertenbefragungen geeignet sind (vgl. Kallus, 2010, S. 28). Die Umfrage hat das Bausteinmodell von Probst (2006, S. 28) als Basis, um einen Überblick über sämtliche Phasen des Wissensmanagements zu ermöglichen. Abbildung 5 zeigt den grundsätzlichen Ablauf der Befragung. Basierend auf Wissenszielen werden eingesetzte Methoden, aktuelle Probleme sowie Verbesserungsvorschläge erfragt und diskutiert. Die Wissensziele werden in diesen Prozess erweitert und konkrete Lösungsansätze den Wissenszielen zugeordnet.

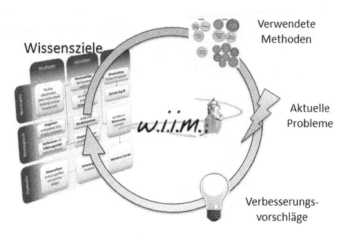

ABBILDUNG 5: AUFBAU BEFRAGUNG

3.2 WISSENSZIELE

Zu den wichtigsten Funktionen von Wissenszielen gehören im Forschungsbereich die Entwicklung und Bewahrung zentraler Kompetenzen und die Sicherstellung, dass allen Mitarbeitern der Zugriff auf diese Technologien gesichert bleibt (vgl. Probst u. a., 2006, S. 40). Die Wissensziele werden in drei Ebenen eingeteilt. Normative Ziele bilden die Grundlage für die generelle Bereitschaft zur Auseinandersetzung mit Wissensaspekten (vgl. Probst u. a., 2006, S. 41). Strategische Ziele erleichtern die Bewertung der Umsetzbarkeit der formulierten Strategie und können als eigenständige Zielformulierung neue strategische Optionen ermöglichen (vgl. Probst u. a., 2006, S. 47). Operative Wissensziele übersetzen die normativen und strategischen Wissensziele in konkrete, operationalisierbare Teilziele (vgl. Probst u. a., 2006, S. 52).

Am Lehrstuhl WI insb. IM sind bislang als explizit dokumentierte Ziele die Selbstdarstellung des Lehrstuhls in schriftlicher Form (Stand 2008) sowie die Informationen der Website und des Blogs verfügbar. Als Vision wird die „internationale, interdisziplinäre, anwendungsorientierte Vernetzung von Forschung und Lehre" angegeben. Auf strategischer Ebene wird das aktuelle Forschungsprofil durch eine anwendungsbezogene, gestaltungsorientierte Betrachtung der kollaborativen Wissensarbeit in Organisationen der Wirtschaft und der Verwaltung gekennzeichnet und ist durch induktiv-analytisches Vorgehen geprägt (vgl. Lehrstuhlwebsite, 2009). Weiterhin wird auf Kompetenzzentren und deren Vernetzung eingegangen. Zusätzlich werden Informationen zu Kernbereichen der Forschung und konkreten Projekten bereitgestellt. Damit wird die Grundausrichtung determiniert. Bislang wurden jedoch keine Wissensziele konkret definiert und expliziert, was eine Bewertung oder Analyse der Wissenskultur erschwert. Das Fehlen eines zentralen Wissensleitbildes, welches grundlegende Aussagen in Bezug auf die Bedeutung und den allgemeinen Umgang mit Wissen macht (vgl. Probst u. a., 2006, S. 43), erschwert die bewertbare Umsetzung der Ziele auf operativer Ebene. Um die Wissensziele stärker zu explizieren, wird eine Einordnung bereits bestehender Ziele in den Rahmen von Probst (2006, S. 41) vorgenommen. Zusätzlich findet eine Erweiterung der Ziele um Konzepte und Ideen der Mitarbeiter statt.

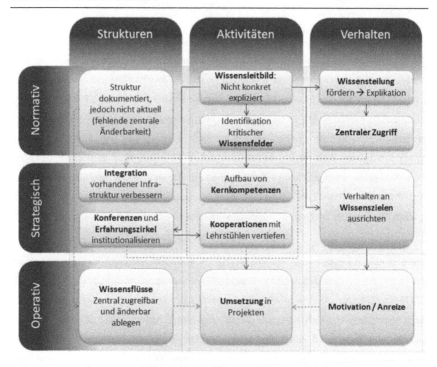

ABBILDUNG 6: WISSENSZIELE DES LEHRSTUHLS WI INSB. IM

Abbildung 6 zeigt die Einordnung der Wissensziele in die Ebenen operativ, strategisch und normativ in Anlehnung an das St. Galler Managementkonzept (Ulrich & Krieg, 1973). Die Einteilung in Strukturen, Aktivitäten und Verhalten und die inhaltliche Ausrichtung basiert auf dem Rahmen von Probst u. a. (2006, S. 41). Durchgezogene Verbindungspfeile stellen kausale Zusammenhänge her. Gestrichelte Pfeile symbolisieren Ergebnisse die sich als Projekte umsetzen lassen.

Bei der Zuordnung der Zusammenhänge wird deutlich, dass das Wissensleitbild zentraler Ausgangspunkt auf normativer Ebene ist. Wichtiger Bestandteil der Wissensstrategie muss deshalb die Ausformulierung eines Wissensleitbildes sein. Am Ende der Zielprozesse steht die Umsetzung in Projekten. Hierbei ist insbesondere auf eine Messbarkeit der Ergebnisse Wert zu legen. Die Übersicht zeigt einige Ansätze zur Generierung von Wissenszielen. Diese können jedoch erst auf Basis einer detaillierten Problemanalyse konkret ausformuliert werden. Im Folgenden werden deshalb zunächst die Methoden und Probleme analysiert, um darauf aufbauend Lösungsansätze anzugeben.

3.3 METHODEN, PROBLEME UND LÖSUNGSANSÄTZE

TABELLE 1: SYSTEMATISIERUNG WISSENSMANAGEMENTMETHODEN[1]

Methode	Wissens-identifikation	Wissens-erwerb	Wissens-entwicklung	Wissens-verteilung	Wissens-nutzung	Wissens-bewahrung
Repräsentation						
Expert Interviews						beim Verlassen des Lehrstuhls Wissen ins Wiki einpflegen (organisatorisches + wissenschaftliches Kernwissen)
Process Modeling					verfügbar als separate Datei	
Promotion						
Lessons Learned	Projektberichtform		aktuell aus Projektberichten möglich, jedoch sehr aufwändig	für Mitarbeiter zugänglich	verfügbar, aber nicht komplett expliziert	
Organisation						
Communities of Practice	Verwaltungsthemen dominieren			organisatorische Themen vorherrschend		
Wiki als Wissensplattform	noch in Einführungsphase, aber zentraler Zugriffspunkt			kann als Verteilungswerkzeug genutzt werden		Wissen von ausscheidenden Mitarbeitern eingepflegt
Direkte Kommunikation über Email, Telefonate, Gespräche	dominierend, jedoch erfolgt selten eine Explikation der Informationen	Zusammenarbeit mit anderen Lehrstühlen hauptsächlich über Email	ebenfalls dominierend, jedoch keine Explikation			
Kooperationen mit Lehrstühlen		WiPÄD, BI, Systementwicklung, SAP → keine formale Explikation des erworbenen Wissens				

Tabelle 1 zeigt eine Zusammenfassung der am Lehrstuhl WI insb. IM derzeit eingesetzten Methoden. Es wird deutlich, dass alle Phasen des Wissensmanagementprozesses mittels direkter Kommunikation umgesetzt werden. Die Explikation des Wissens wird jedoch nicht konsequent umgesetzt. Mit dem Wiki wurde eine zentral zugreifbare Wissensplattform eingeführt. Thematisch enthält das Wiki bislang hauptsächlich Wissen zum organisatorischen Ablauf, ist aber noch nicht vollständig angenommen. Besonders im Hinblick auf wissenschaftliche Zusammenarbeit stellt sich die Frage ob ein Wiki in dieser Form das geeignete Werkzeug ist.

---

[1] Der Rahmen ist angelehnt an das Bausteinmodell nach Probst et al. (2006).

TABELLE 2: AKTUELLE PROBLEME AM LEHRSTUHL WI INSB. IM

Problem	betreffender Wissens-baustein	Lösungs-ansatz
Eine genaue Angabe über Projekte und Verantwortlichkeiten ist derzeit nur auf der Website ersichtlich. Stand der Projekte ist nur in den Mitarbeiterprotokollen dokumentiert.	Identifikation	A1, A2, A9
Aufgrund halber Stellen sind nicht alle Ansprechpartner immer erreichbar.	Identifikation / Entwicklung	
Der Wissenserwerb über Kooperationen ist nur informell.	Erwerb	A3
Durch Kooperationen gewonnenes Wissen wird nicht konsequent dokumentiert.	Erwerb	A3
Externe Doktoranten werden kaum in den Wissensmanagementzyklus eingebunden.	Erwerb	A4
Konferenzen werden nicht ausreichend als Wissenserwerbsquelle genutzt.	Erwerb	A5
Forschung muss oft hinter organisatorischen Aufgaben zurücktreten.	Entwicklung	A10
Es fehlt ein Leitfaden für neue Mitarbeiter.	Verteilung	A6, A2, A1
Das Wiki als zentrale Plattform ist noch nicht integriert genug (Extra Passwort, Innere Barrieren wie Gewohnheit und Syntax).	Verteilung	A6
Wiki und Website parallel zu aktualisieren ist aufwändig.	Verteilung	A7
Ist ein Wiki grundlegend geeignet für kollaborative Forschungsarbeit?	Verteilung / Nutzung	A8
Inhalte von individuellem Forschungswissen und informeller Kommunikation sind nicht jedem zugänglich.	Nutzung	A3
Prozessmodelle für organisatorische Vorgänge sind bislang nur in Papierform definiert.	Identifikation / Nutzung	A9
Datenablage und Wiki existieren momentan parallel, statt integriert. Zwar ist es möglich Dateien im Wiki an eine Seite anzuhängen, der Prozess des Anhängens ist jedoch zu aufwändig.	Nutzung	A8
Die Struktur des Wikis ist noch nicht für alle Mitarbeiter klar.	Nutzung	A6
Die Pflege der Wissensbasis ist kein direkter Aufgabenbereich.	Bewahrung	
Es gibt keine strukturelle Abbildung der aktuellen Wissenslandschaft.	Bewahrung	A11
Wissensverlust bei Abschluss oder Wechsel von Mitarbeitern.	Bewahrung	A12

Tabelle 2 fasst die von den Mitarbeitern geschilderten Probleme am Lehrstuhl zusammen. Besonders hervorzuheben ist die Frage, ob die aktuelle Wissenslandschaft dabei den Anforderungen an Lehre, Organisation und Forschung gerecht wird. Fokus der vorliegenden Arbeit ist die Umsetzbarkeit von Organisation und Forschung. Als Werkzeug zur Sammlung organisationalen Wissens wurde ein Wiki eingeführt. Als Werkzeug für kollaborative Forschung ist es bei Berücksichtigung des aktuellen Funktionsumfangs nur bedingt geeignet. Gründe dafür sind die fehlende Anbindung von Literaturverwaltungsprogrammen (wie das genutzte Mendeley), unzureichende Integration des Filesystems und die Einarbeitung in die Syntax (kein WYSIWYG-Editor). Die in Tabelle 3 gesammelten Lösungsansätze greifen diese Probleme auf. Die Grundlagen zur Umsetzung der Lösungsansätze werden in Kapitel 4 erarbeitet und diskutiert.

TABELLE 3: LÖSUNGSANSÄTZE

Nr.	Ansatz	Betreffender Wissensbaustein
A1	Integration von Wissenslandkarten ins Wiki (ggf. interaktiv).	Identifikation
A2	Integration der Prozessabläufe ins Wiki.	Identifikation
A3	Institutionalisierung, um regelmäßigere Dokumentation des erworbenen Wissens zu gewährleisten → regelmäßige Treffen und Dokumentation (Lessons Learned oder Integration ins Wiki). Beurteilungfaktoren ob Wissen aufgenommen wird oder nicht, sind z.B. Standardisierbarkeit und Wiederholbarkeit.	Erwerb
A4	Bildung von Wissenszirkeln, um Wissensaustausch mit externen Doktoranden zu ermöglichen. → Dokumentation über Lessons Learned. Zugriff auf öffentliche Teile des Wikis für externe Doktoranden ermöglichen.	Erwerb
A5	Präsenz auf Konferenzen stärken und dort direkte Explikation ermöglichen (ggf. extra Kategorie im Wiki mit Einträgen zu Forschungsstand).	Erwerb
A6	Kurze Übersicht über den Lehrstuhl im Wiki mit Links zu den Forschungsthemen, Personen und organisatorischen Abläufen sowie einer strukturellen Übersicht des Wikis (Aufbau, Neue Artikel, nicht mehr verlinkte Artikel, usw.). Um Aktualität sicherzustellen könnten neue Mitarbeiter das beschriebene Bild auf Aktualität überprüfen um sich gleichzeitig mit der Wiki Syntax und Struktur vertraut zu machen.	Verteilung / Nutzung
A7	Eine automatisierte Ausgabe bestimmter Wikiseiten an (per Tag) vordefinierte Pfade kann den Prozess des redundanten Aktualisierens verhindern.	Verteilung
A8	Zentrale Plattform muss andere Programme / Lösungen /Dateien integrativ verlinken können. Auf Dateiebene könnte ein Interface die Dateistruktur direkt im Fenster anzeigen.	Nutzung
A9	Neben organisatorischen Vorgängen könnten auch Projekte und Forschungsthemen (in vereinfachter, zusammengefasster Form) ins Wiki als Prozesse integriert werden, wenn es dafür eine einheitliche Schnittstelle gibt.	Nutzung
A10	Um Forschung stärker zu fokussieren, wäre eine Festlegung von Meilensteinen zu bestimmten Zeitpunkten hilfreich. Ziel ist bessere Messbarkeit und Übersicht. Integration in A2 und A9 ist sinnvoll.	Entwicklung
A11	Eine strukturelle Übersicht über die am Lehrstuhl WI insb. IM genutzten Methoden und Werkzeuge erhöht die Übersicht und macht Systeme für Veränderungen vergleichbar. Eine Integration in A6 ist denkbar.	Bewahrung
A12	Mittels eines Briefingprozesses kann das organisationale Wissen gespeichert werden. Hinsicht des Forschungswissens ist eine Komprimierung auf Ergebnisse und Methodik wichtig.	Bewahrung

Die gefundenen Lösungsansätze sind direkt den von Lehner, Amende & Wildner (2009, S. 437) beschriebenen Nutzfaktoren zuordenbar. Im Hinblick auf nicht-technische Nutzfaktoren wird im Folgenden ein Wissensleitbild zu Grunde gelegt.

4 WISSENSMANAGEMENTSTRATEGIE

Die aktuelle Selbstdarstellung des Lehrstuhls WI insb. IM trifft keine Aussage über die Wissenskultur oder -strategie. Wie in Kapitel 3.2 gezeigt ist ein Wissensleitbild zentraler Bezugspunkt, um Wissensmanagement zu instrumentalisieren. Im Folgenden wird deshalb ausgehend von einem Wissensleitbild auf normativer Ebene eine Einordnung der Ziele auf strategischer Ebene vorgenommen.

4.1 WISSENSLEITBILD

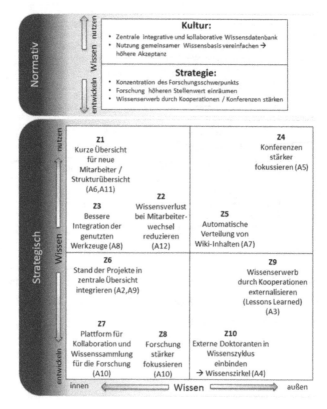

ABBILDUNG 7: WISSENSLEITBILD[2]

---

[2] In Anlehnung an den Wissensquadranten in Probst (2006, S. 44).

Abbildung 7 zeigt das Wissensleitbild auf normativer und strategischer Ebene. Die normativen Wissensziele bilden die Kernaussagen über die Ideale in Bezug auf die Nutzung und Entwicklung von Wissen. Die direkte interpersonelle Wissensteilung wird durch halbe Stellen derzeit oft behindert. Eine zentrale gemeinsam genutzte Wissensbasis als Integrationswerkzeug für bestehende Systeme kann die Wissenskultur verbessern. Eine weitere zentrale Frage betrifft die weitere Forschungsausrichtung des Lehrstuhls WI insb. IM. So wäre es einerseits möglich, sich auf den von den Mitarbeitern momentan stärker fokussierten Bereich ELearning zu konzentrieren. Andererseits ist auch eine erneute stärkere Forschungsfokussierung auf den in der Selbstdarstellung angegeben Bereich „Unternehmenskommunikation und Wissensmanagement" möglich. Von den Mitarbeitern wurden als Hauptgründe für die vertiefte Beschäftigung im Bereich ELearning die bessere Forschungsmittellage und persönliches Interesse angegeben.

Den strategischen Zielen sind die Lösungsansätze aus Tabelle 3 zugeordnet. Im Folgenden werden die Ziele den aus der allgemeinen Wissenszielmatrix (Abbildung 6, Seite 7) resultierenden Zielprozessen zugeordnet, diskutiert und die zugeordneten Methoden auf ihre Umsetzbarkeit hin untersucht.

4.2 UMSETZUNG DER ZIELPROZESSE

4.2.1 ZIELPROZESS I: WISSENSTEILUNG, INTEGRATION

ABBILDUNG 8: ZIELPROZESS I: WISSENSTEILUNG, INTEGRATION

Der Zielprozess Wissensteilung, Integration hat den Umgang mit Wissen zum Inhalt. Elementar ist dabei die Frage, welches der bisher genutzten Werkzeuge die zentrale Wissensplattform darstellt. Das Filesystem bietet zwar eine klare native Strukturierung, ermöglicht aber keine Ablage von Verknüpfungsinformationen der einzelnen Inhalte und keine zentrale Zugriffsseite. Für kollaborative Zusammenarbeit ist es deshalb nicht geeignet. Zur Literaturverwaltung wird das Programm Mendeley eingesetzt. Als zentraler Wissensspeicherort abseits wissenschaftlicher Kollaboration ist es jedoch nicht geeignet, da Verwaltungsvorgänge nicht abbildbar sind. Die zentrale Wissensplattform muss also unabhängig von Dateisystem oder Literaturverwaltung beide Bereiche integrieren und um Kollaborationswerkzeuge erweitern. Am Lehrstuhl WI insb. IM wird bereits ein Wiki zur Sammlung von Wissen eingesetzt. Ziel ist bislang jedoch hauptsächlich Wissen zu Verwaltungsvorgängen. Gemeinsame Forschung wird derzeit nicht im Wiki gepflegt. Das liegt neben der schlechten Editierbarkeit (kein WY-SIWYG-Editor, eingeschränkte Formatierungsmöglichkeiten) an der fehlenden Unterstützung von Mendeley oder Word. Um als zentrale Plattform angenommen zu werden, muss das Wiki also entweder um Funktionalitäten der jeweiligen Programme erweiterbar sein, oder diese fließend in die Dokumenterstellung integrieren.

Bei dem aktuell eingesetzten Wiki „WikiDot" werden Quellcode und Daten zentral vom Anbieter gehostet. Eine Erweiterung um Plug-Ins oder Add-Ons ist dabei nur von der Anbieterseite aus möglich. Eine API-Schnittstelle wird zwar bereitgestellt, diese ermöglicht jedoch nicht das Erweitern der Wiki-Syntax oder das Einfügen neuer Elemente ("WikiDot API Documentation," 2011). Weiterhin gibt es Module zum Erweitern der Standardfunktionalität, welche einige der Funktionen abdecken können. Um Mendeley direkt anzubinden reichen jedoch auch diese nicht aus ("Wikidot - Modules Documentation," 2011; "WikiDot Code Snippets," 2011).

Ein Vergleich bei WikiMatrix ("WikiMatrix - Compare them all," 2011) zeigt, dass es viele Alternativen gibt, die eine Speicherung auf dem eigenen Server erlauben und dadurch hinsichtlich Erweiterbarkeit wesentlich offener sind. Das Wiki auf dem eigenen Server hat auch den Vorteil, die Dateiablage direkt integrieren zu können, statt die angehängten Dateien einzeln hochladen zu müssen. Damit entfällt zusätzlich die Volumenbegrenzung.

Das aktuelle Wiki ist als zentraler Zugangspunkt also besser als andere bereits bestehende Systeme geeignet. Ein lokal auf dem Server liegendes Wiki ist anpassbar und kann die Anforderungen an eine zentrale Wissensbasis erfüllen. Im Weiteren wird dennoch von einer Anpassung eines Wikis ausgegangen, da eine kommerzielle Lösung wie Microsoft Sharepoint überdimensioniert ist.

Um die Wissensteilung als Prozess in konkrete Teilziele zu zerlegen werden auf strategischer Ebene folgende Ziele aus dem Wissensleitbild zugeordnet:

Z3: Bessere Integration der genutzten Werkzeuge (A8)

Um von den Anwendern als zentrale Wissensbasis akzeptiert zu werden, muss eine Möglichkeit geschaffen werden bestehende Systeme anzubinden. Die Integration des Filesystems bei einem lokal gehosteten Wiki ermöglicht ein Arbeiten mit Verlinkung der Dateien. Das manuelle Hochladen entfällt. Literaturverwaltungsprogramme müssen für einen kollaborativen Schreibprozess integriert sein. Zwar gibt es die Möglichkeit Google Office Programme zu integrieren, jedoch ist die Erweiterbarkeit im Hinblick auf Literaturverwaltungsprogramme mangelhaft. Der technische Aufwand einer Anpassung ist hoch, da der Quellcode der Wiki Seiten direkt geändert werden oder ein Plug-In implementiert werden muss.

Z6: Stand der Projekte in zentrale Übersicht integrieren (A2, A9)

A2: Integration der Prozessabläufe ins Wiki

Eine Möglichkeit zur Integration von Prozessabläufen ist die Erweiterung der WikiSyntax um Prozessobjekte. Die Darstellung von Verbindungselementen wird jedoch recht aufwändig. Eine praktikable Alternative ist die Nutzung von Office Produkten zur Erstellung eines Prozessflusses in PowerPoint oder Impress.

Die Einbindung der Prozesse kann dabei entweder per Upload und Konvertierung zu Google Docs[3], oder per Upload zu Windows Live Skydrive[4] realisiert werden (Für einen genaueren Vergleich der Funktionalitäten siehe Tabelle 4 - Seite 16). In beiden Fällen muss anschließend die Datei einmalig freigegeben werden (Share→ Embed). Dieser HTML-Code kann direkt ins Wiki übernommen werden und wird anschließend immer automatisch zu der Version im Filesystem aktualisiert. Im Wiki kann auf Google Docs zugegriffen werden um das Prozessmodell online zu ändern. Die Änderungen werden dann im Filesystem zusammengeführt. Auch Verlinkungen zu anderen Wiki-Themen sind damit umsetzbar. Der Vorgang zur Integration eines Beispielprozesses ist in Anhang 1 (Kapitel 5.1) enthalten.

A9: Neben organisatorischen Vorgängen könnten auch Projekte und Forschungsthemen (in vereinfachter, zusammengefasster Form) ins Wiki als Prozesse integriert werden, wenn es dafür eine einheitliche Schnittstelle gibt.

Aktuelle Projekte in der Wissensbasis zentralisiert zu dokumentieren erhöht die Transparenz und Fokussierung auf die Forschung. Die Umsetzung kann in Form von Meilensteinen integriert werden.

---

[3] Der Upload kann dabei direkt aus Office geschehen ("OffiSync," 2011). Auch eine automatisierte Ordnersynchronisation ist möglich ("Syncplicity," 2011). In der kostenlosen Version sind jedoch nur 2 GB Gesamtspeicherplatz inklusive. Der Account kann dann mit Google Docs synchronisiert werden.
[4] Über Datei → Speichern und Senden → Skydrive (Office 2010).

Z7: Plattform für Kollaboration und Wissenssammlung für die Forschung (A10)

Das Wiki wird derzeit nicht als Wissensspeicher für Forschungsthemen genutzt, da der Wissensbestand je nach Fachbereich sehr spezifisch ist. Beim derzeitigen Stand der Wikinutzung muss der Forschungsinhalt parallel zu der eigentlichen Forschungstätigkeit ins Wiki kopiert werden, da eine direkte Bearbeitung der Forschungsthemen im Wiki nicht die erforderlichen Erweiterungen unterstützt. Eine Alternativlösung ist die Integration von Google Docs zur webbasierten kollaborativen Arbeit mit LaTeX. Dies ist über die Erweiterung SpartanTeX möglich, das ein Rendern online ermöglicht, ohne dass LaTeX lokal installiert werden muss ("SpartanTeX," 2011). Mit den unter Z6 beschriebenen Werkzeugen lassen sich die Dateien parallel ins Filesystem synchronisieren.

Mit den beschriebenen Mitteln ist eine wissenschaftliche Zusammenarbeit im Wiki zwar möglich, das Wissen selbst wird jedoch weiterhin in Dateien in Google Docs und lokal synchronisiert gespeichert. Allerdings gibt es derzeit das Problem der maximalen Dateigröße, die für Texte bei 1MB liegt. Zwar lässt sich zusätzlicher Gesamtspeicherplatz bei Google kaufen, die maximale Dateigröße bleibt davon jedoch unberührt. Die Dateigröße erlaubt kleinere gemeinsame Papers, größere Forschungsbereiche müssen aber in mehreren Dateien aufgeteilt werden. Microsoft Live SkyDrive bietet zwar großzügigere Dateigrößenlimits, das direkte Zusammenarbeiten in Real-Time ist jedoch nach wie vor nicht möglich (Siehe Gegenüberstellung in Tabelle 4). Im Vergleich zu herkömmlicher Zusammenarbeit ist das Abgleichen und Zusammenführen von einem gemeinsam bearbeiteten Dokument beim Abspeichern jedoch stark vereinfacht.

TABELLE 4: VERGLEICH GOOGLE DOCS UND WINDOWS LIVE SKYDRIVE

	Google Docs	Microsoft SkyDrive
Dateigrößenlimit	1 MB[5]	50 MB[6]
Gesamtspeicher	1 GB	25 GB
LaTeX Unterstützung	SpartanTeX[7]	Plug Ins werden unterstützt.
Kollaboratives Schreiben	Online ist gleichzeitiges Bearbeiten eines Dokumentes möglich. Offline können Dateien mittels Synchronisation aktualisiert werden. Speichern ist dabei aber notwendig.	Online kann nur jeweils eine Person das Dokument bearbeiten. Offline ist gleichzeitiges Schreiben zwar möglich, Änderungen werden jedoch nicht in Real-Time integriert sondern nur in beim Speichern der Datei.
Synchronisation zum Filesystem	Verzeichnissynchronisation mittels Syncplicity[8]	Live Mesh oder WebDAV[9]
Synchronisation Word	Offisync (unterstützt merging und überprüft Aktualität)	Direkt integriert
Integrationsfähigkeit ins Wiki	Mittels share → embed	Verschieben in Public Folder → dann share → embed
Benutzerzugriff	Google Konto erforderlich	Windows Live Konto erforderlich
Interaktive Inhalte	Eingebettete Texte und Links sind direkt markierbar und anklickbar.	Eingebettete Texte und Links müssen im Online Editor geöffnet werden, um sie zu markieren oder aktivieren.

Es gibt zum aktuellen Zeitpunkt keine ideale Lösung, die eine direkte Wissensspeicherung und Zusammenarbeit für kleine Organisationen bedarfsgerecht unterstützt. Die beschriebene Integration von externen Programmen in ein Wiki bildet die Inhalte parallel zum Dateisystem im Wiki ab. Es findet keine Transferierung der eigentlichen Wissensinhalte in Wiki Syntax statt. Trotz dieses Umstandes ist dieses Vorgehen das momentan am ehesten umsetzbare, da eine Wiki-Eigenentwicklung oder Weiterentwicklung für Forschungsbedürfnisse das Problem der Anpassung an aktuelle Standards aufwirft und auch eine kommerzielle Lösung bei der geringen Mitarbeiteranzahl nicht in Frage kommt.

---

[5] Siehe http://docs.google.com/support/bin/answer.py?hl=en&answer=37603, letzter Abruf: 6.3.2011.

[6] Siehe http://windowslivehelp.com/solution.aspx?solutionid=679c5c15-39a0-4899-a9ae-160eeb32d963, letzter Abruf: 6.3.2011.

[7] Siehe http://tex.uncg.edu/about.html, , letzter Abruf: 6.3.2011. Nur \input, \include und \includegraphics warden unterstützt. Abhängige Dateien müssen alle in Google Docs hochgeladen werden.

[8] Siehe http://www.syncplicity.com/, , letzter Abruf: 6.3.2011.

[9] Siehe http://mynetx.net/#!/2352/how-to-connect-your-skydrive-in-windows-explorer, , letzter Abruf: 6.3.2011.

4.2.2 ZIELPROZESS II: VERHALTEN, MOTIVATION

ABBILDUNG 9: ZIELPROZESS II: VERHALTEN, MOTIVATION

Die Integration eines Wissensleitbildes an eine für alle Mitarbeiter zentral zugreifbare Stelle ist für eine stärkere Ausrichtung an Wissenszielen elementar. Die Umsetzung der Wissensziele kann darauf aufbauenden Projektform dokumentiert werden. Dabei ist eine zentrale Dokumentation der Projekte an der gleichen Stelle wünschenswert, um die Motivation zur Mitarbeit zu erhöhen.

Z1: Übersicht für neue Mitarbeiter / Strukturübersicht (A6,A11)

Eine Strukturübersicht für neue Mitarbeiter verringert die Einarbeitungszeit in genutzte Methoden. Zusätzlich werden das Wissensleitbild und die Wissensstruktur explizit dargelegt und eher verinnerlicht. Ziel ist die bewusste Umsetzung des Wissensteilungsgedankens und die höhere Akzeptanz bereits genutzter Wissenswerkzeuge. Weiterhin wurden bei der Befragung bessere Administrationsmöglichkeiten und Übersichtsmöglichkeiten gewünscht. Als Plattform dafür eignet sich von den bereits genutzten Methoden vorrangig das Wiki, da eine zentrale Verfügbarkeit und Editierbarkeit besteht. Als Elemente wurden basierend auf den angesprochenen Problemen (Tabelle 2) die Kernthemen Wissensleitbild, Wissensträger, Organisationsabläufe, Projekte, Kooperationen, Wissenszirkel, gemeinsame Publikationen, Strukturübersicht und Wiki Administration identifiziert.

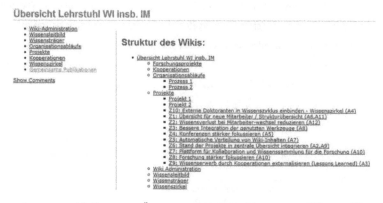

ABBILDUNG 10: TEMPLATE ÜBERSICHTSSEITE DES LEHRSTUHLS WI INSB. IM

Abbildung 12 zeigt eine mögliche Form einer Übersichtsseite im Wiki. Die Struktur auf der rechten Seite wird automatisch aus den Parent-Beziehungen generiert. Dazu muss jede Seite in den Optionen ihre übergeordnete Seite zugewiesen bekommen. Auf der Administrationsseite lassen sich „orphaned Pages" (Seiten auf die nicht mehr verlinkt wird) und „wanted Pages" (Seiten die verlinkt aber noch nicht angelegt sind) anzeigen. Das Template in WikiDot-Syntax ist in Anhang 5.2.1 angegeben. Die einzelnen Projekte lassen sich wie bereits erläutert in Meilensteinform über eine Office Anbindung integrieren. Eine Unterteilung in Forschungs- und Wissenszielprojekte ist dabei sinnvoll.

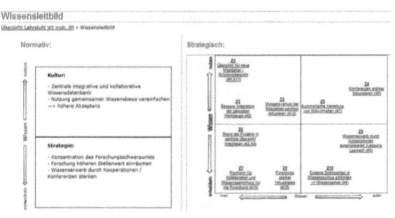

ABBILDUNG 11: WISSENSLEITBILD IM WIKI

Abbildung 11 zeigt eine mögliche Darstellung des Wissensleitbildes im Wiki. Das zugehörige Template ist in Anhang 5.2.2 beigefügt. Bei der Umsetzung auf normativer Ebene wurde die Positionierung mittels DIV-Tags vorgenommen. Das Vorgehen lässt sich generell auch für die strategische Ebene umsetzen. Die einzelnen Ziele müssen jedoch mittels relativer Positionierung und Prozentzahländerung verschoben werden, wenn eine Änderung umgesetzt werden soll. Um die Anpassbarkeit zu vereinfachen wurde deshalb die Microsoft Powerpoint Präsentation zu GoogleDocs synchronisiert und anschließend in die Seite eingebettet. Durch direkt auf der Seite anklickbare Links ist die eingebettete Präsentation interaktiv und leitet direkt zu den Wissenszielprojektseiten im Wiki weiter. Das Editieren kann von den Mitarbeitern parallel mit der Online Version von Google Docs Presentations in der Datei erfolgen. Microsofts Skydrive ist durch fehlende direkte Interaktivität (es muss immer erst der Online-Editor gestartet werden bevor Links angeklickt werden können) für das Wissensleitbild ungeeignet.

Z2: Wissensverlust bei Mitarbeiterwechsel reduzieren (A12)

Die Fluktuation von Mitarbeitern birgt die Gefahr des Wissensverlusts. Mithilfe eines Briefingprozesses kann wichtiges Know-How gesichert werden. Problematisch sind dabei insbesondere die fehlende Zeit zur Dokumentation sowie die schwierige Klassifikation der Wichtigkeit der Wissensfelder. Eine Orientierung an den Kernthemen der Übersicht des Lehrstuhls deckt viele relevante Bereiche des Wissensverlusts ab und verhindert so dass Kernthemen vergessen werden. Eine mögliche Vorgehensweise zur Strukturierung des Briefingprozesses ist das Durchgehen, Ergänzen und Aktualisieren der Übersichtsseiten.

4.2.3 ZIELPROZESS III: WISSENSFELDER, KERNKOMPETENZEN

ABBILDUNG 12: ZIELPROZESS III: WISSENSFELDER, KERNKOMPETENZEN

Aufbauend auf dem Wissensleitbild ist eine Konzentration des Forschungsschwerpunktes sinnvoll. Auf der Website des Lehrstuhls WI insb. IM werden die Kernbereiche „eLearning" und „Unternehmenskommunikation und Wissensmanagement" aufgeführt. Mitarbeitergespräche ergaben, dass momentan eine stärkere Ausrichtung in Richtung eLearning vorliegt. Um die individuellen Wissenskenntnisse zu erfassen kann eine Wissenstopologiekarte genutzt werden.

A1: Integration von Wissenslandkarten ins Wiki.

Um dem Prinzip der zentralen Zugreifbarkeit gerecht zu werden ist die Wissenslandkarte in das Wiki integriert. Abbildung 13 zeigt eine mögliche Darstellungsform. Das zugehörige Template ist im Anhang 5.2.3 angegeben. Die Kategorien sind exemplarisch vorgegeben. Für eine detaillierte Bewertung müssen die Kategorien genauer differenziert und erweitert werden.

ABBILDUNG 13: TEMPLATE FÜR WISSENSTOPOLOGIEKARTE[10]

---

[10] In Anlehnung an Probst u.a. (2006, S. 63).

Weitere Methoden wie Wissensträgerkarten, Wissensquellenkarten, Wissensstrukturkarten oder Mind Maps lassen sich mittels der Integration von interaktiven Präsentationen über Google Docs einbinden und verlinken.

Z8: Forschung stärker fokussieren (A10)

Forschungsprojekte können in die zentrale Übersicht integriert werden, um die Messbarkeit des Forschungsfortschritts zu erhöhen. Eine Orientierung an Meilensteinen hilft dabei das Bewusstsein und den Stellenwert der individuellen Forschungsthemen zu erhöhen. Die Prozessmodelle sind dabei Ausgangspunkt für die weitere Vernetzung der Themen.

4.2.4   ZIELPROZESS IV: KONFERENZEN, KOOPERATIONEN

ABBILDUNG 14: ZIELPROZESS IV: KONFERENZEN, KOOPERATIONEN

Abbildung 14 stellt den Zielprozess IV dar. Ziel ist der verstärkte Wissenserwerb und Wissensaustausch sowie eine regelmäßige Explikation des relevanten neuen Wissens.

Z4 Konferenzen stärker fokussieren (A5)

A5: Präsenz auf Konferenzen stärken und dort die direkte Explikation ermöglichen.

Die verstärkte Präsenz auf Konferenzen erhöht die Wahrnehmung des Forschungsthemas. Weiterhin kann Wissen von anderen Forschungsgruppen über die Konferenzteilnehmer gesammelt werden. Dabei ist die regelmäßige Externalisierung des Wissens wichtig, um erworbenes Wissen für alle Mitarbeiter verfügbar zu machen. Eine Methode der Sammlung ist der Einsatz von Lessons Learned. Dabei steht die Sammlung von Fehlern, Auswertungen und Analysen im Mittelpunkt (Vgl. Probst u. a., 2006, S. 135). Um den zeitlichen Aufwand gering zu halten, ist die Sammlung der wichtigen Kernpunkte direkt während der Konferenz sinnvoll. Hierfür bietet sich das Wiki an, da es überall per Internet verfügbar ist, und keine zusätzliche Übertragung der Informationen notwendig wird.

Z9 Wissenserwerb durch Kooperationen externalisieren (Lessons Learned) (A3)

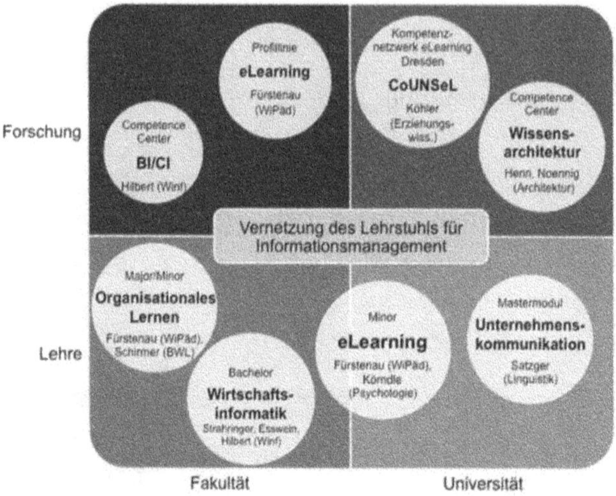

ABBILDUNG 15: VERNETZUNG DES LEHRSTUHLS WI INSB. IM[11]

Die Vernetzung des Lehrstuhls WI insb. IM mit anderen Wissensquellen nimmt am Lehrstuhl einen hohen Stellenwert ein. Abbildung 15 zeigt die Vernetzung des Lehrstuhls WI insb. IM. Um eine regelmäßigere Dokumentation des erworbenen Wissens zu gewährleisten, ist die Institutionalisierung von regelmäßigen Treffen zur Externalisierung sinnvoll. Mögliche Methoden zur Wissensspeicherung sind Lessons Learned, Best Practices oder Storytelling. Grundsätzlich besteht auch hier die Möglichkeit die Dokumente im Filesystem abzulegen und ins Wiki zu synchronisieren. Entscheidend für die Aufnahme des Wissens sind z.B. Standardisierbarkeit und Wiederholbarkeit.

Als Beispiel für ein Kooperationswerkzeug ist eine „Lessons Learned" als Template[12] angehängt, welche sich an den Kriterien zur Erstellung von „High-Quality Lessons Learned" von Patton (2001, S. 8) orientiert. Eine beispielhafte „Lessons Learned" wird in Abbildung 16 dargestellt.

---

[11] (Lehrstuhlwebsite, 2009)
[12] Siehe 5.2.4 WikiDot Template Lessons Learned.

Definition Betrachtungsgegenstand (Lesson)?

Weiterentwicklung Wiki Lehrstuhl WI insb. IM zu zentraler Wissensdatenbank.

Defintion Ziel/Ergebnis (learned)?

Wiki wird als zentraler Zugriffspunkt genutzt.

Beteiligte (who learned)?

Lehrstuhlmitarbeiter

Beleg für die Lesson?

Inhaltliche Ausrichtung des Wikis, Detaillierungsgrad.

Beleg, dass gelernt wurde?

Nutzungsstatistiken des Wikis, Befragung.

Kontextgrenzen (Unter welchen Bedingungen trifft das Ergebnis zu)?

Einbindung der Forschungsthemen aufgrund hoher Wissenskomplexität aufwändig —> Hier andere Plattform nutzen, diese aber anbinden.

Kann die Lesson beispielhaft für andere Praxisfelder angewandt werden?

Plattformen für andere Lehrstühle denkbar —> Möglichkeit der Verknüpfung prüfen.

Wen können die Ergebnisse interessieren?

Lehrstuhlmitarbeiter, Wissensmanagement-interessierte

Welche für Belege sind für die maßgeblich?

Empirische Studien und Analysen

Verbindungen zu anderen Lessons?

Wissensmanagement Werkzeuge und Methoden, Vergleich mit Arbeit nur über Filesystem.

ABBILDUNG 16: BSP. LESSONS LEARNED THEMA WEITERENTWICKLUNG WIKI

Die Orientierung an Leitfragen für „Lessons Learned" stellt eine höhere Formalisierung des gesammelten Wissens sicher. Eine interne und externe Verknüpfung ist über die letzten Fragen sinnvoll, um die einzelnen „Lessons Learned" zu einem Wissensnetz zu verdichten.

Z10 Externe Doktoranden in Wissenszyklus einbinden - Wissenszirkel (A4)

A4: Bildung von Wissenszirkeln um Wissensaustausch mit externen Doktoranden zu ermöglichen.

Wissenszirkel können genutzt werden, um durch Ausführungserfahrung einen Wissenszuwachs für die Partizipanten zu schaffen. Dabei steht immer das Zusammenwirken in einer Gruppe im Vordergrund (vgl. Derboven, Dick, & Wehner, 1999, S. 7). Ziel der Wissenszirkel am Lehrstuhl WI insb. IM kann der Austausch von organisatorischen, methodischen oder inhaltlichen Wissensgebieten sein. Derboven beschreibt folgende Methoden, um Wissenszirkel zu institutionalisieren: Rollenspiel, der „Rat der Weisen", Mind Mapping, Beschreibung über den Wechsel von Abstraktionsebenen, Entwicklung eines Gruppenarbeits-Bewertungsbogens, Erarbeitung situierter Selbstbeobachtungsleitfäden (vgl. Derboven u. a., 1999, S. 25-29).

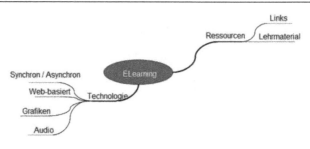

ABBILDUNG 17: BEISPIELHAFTE MIND MAP THEMA ELEARNING[13]

Abbildung 17 zeigt eine ins Wiki integrierte Mind Map zum Thema ELearning (zugehöriges Template: 5.2.5 WikiDot Template Wissenszirkelmethoden). Die Integration von Google Dokumenten bietet ebenfalls eine Möglichkeit um der Zugriffsproblematik für externe Doktoranten zu begegnen. Die Freigabe eines Dokumentes für spezielle externe Wissenszirkelmitglieder ermöglicht den automatischen Abgleich mit den Filesystemversionen, ohne dass externe Mitglieder Zugriff auf das restliche Wiki erhalten.

4.2.5 ZIELPROZESS V: WISSENSFLÜSSE

ABBILDUNG 18: ZIELPROZESS V: WISSENSFLÜSSE

Die aktuell explizit gespeicherte Struktur der Wissenslandschaft am Lehrstuhl WI insb. IM gliedert sich in die Bereiche Filesystem, Emailsystem, Wiki für organisatorische Vorgänge, Mendeley Literaturverwaltungsprogramm und das Forschungs- und Informationssystem der TUD. Zur externen Publikation werden die Website, der Blog und Emails genutzt. Das Filesystem ist wie in Kapitel 4.2.1 - Zielprozess I: Wissensteilung, Integration beschrieben zwar von allen geteilt, besitzt aber keine Metainformationsebene, die beinhaltete Dateien in Bezug setzt oder direkte Kollaboration an Informationen ermöglicht. Das Wiki ermöglicht diese Ebene der Explikation und ist deshalb als zentraler Zugriffspunkt besser geeignet. Die Struktur als Metamodell im Wiki abzubilden ist über ein Einbetten von Präsentationsdokumenten möglich. Das Modell hat neben den dokumentarischen Charakter eine Kontrollfunktion und kann bei Umstrukturierungsprozessen als Ausgangspunkt dienen.

---

[13] Bsp. entnommen aus "Sandra Speaks on Instructional Design: e-learning Mind Map" (2010).

Z5: Automatische Verteilung von Wiki-Inhalten (A7)

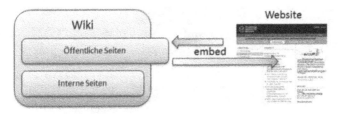

ABBILDUNG 19: NUTZUNG WIKI INHALTE

Die Verteilung der Wiki-Inhalte verhindert Redundanzen und ermöglicht die zentrale Änderung im Wiki. Abbildung 19 stellt das Einbinden bestimmter öffentlicher Inhalte in die Lehrstuhlwebsite dar. Als Grundvoraussetzung muss das Wiki ein umfassendes rollenbasiertes Zugriffsmanagement unterstützen. Das derzeit genutzte WikiDot unterstützt nur eine globale Private/Public Unterscheidung[14]. Eine seitenspezifische Rechteverwaltung ist nicht implementiert. DokuWiki als Alternative stellt diese Funktionalität über Acces Control Lists bereit[15]. Damit lassen sich Seiten je nach Namespacezugehörigkeit für die Öffentlichkeit freigeben und andere mit Passwort verschlüsseln.

4.3 BEWERTUNG DER UMSETZBARKEIT

Tabelle 5 systematisiert die Umsetzbarkeit der einzelnen Lösungsansätze sortiert nach dem Umsetzungsaufwand. Die Kategorisierung in hohen, mittleren und niedrigen Aufwand / Nutzen bezieht sich auf den Einsatz im wissenschaftlichen Umfeld für bis zu 20 Mitarbeiter und basiert auf der Diskussion der Ansätze in Kapitel 4.2. Alle Methoden, die mit geringem Aufwand umsetzbar sind (Grün: A8, A6, A1, A11, A12, A10) können nach Prüfung des Nutzens zeitnah eingeführt werden. Mit steigendem Aufwand muss auch die Planung und Vorbereitung langfristiger erfolgen und kann im Rahmen einer langfristigen Projekteinführung erfolgen (Gelb - mittelfristig: A3, A4; Rot - langfristig: A2, A7, A9, A5). Bei vielen Lösungsansätzen spielt der Zeitfaktor eine entscheidende Rolle. Dabei ist die Einschätzung entscheidend, wie wichtig der daraus gezogene Nutzen ist.

---

[14] http://handbook.wikidot.com/en:public-or-private, letzter Abruf am 4.3.2011.
[15] http://www.dokuwiki.org/acl, letzter Abruf am 4.3.2011.

TABELLE 5: UMSETZBARKEITSBEWERTUNG DER ANSÄTZE

Nummer	Ansatz	Umsetzbarkeit	Nutzen	Aufwand
A8	**Zentrale Wissensplattform** S. 12	Keine der bestehenden Werkzeuge ist ideal als zentrale Wissensplattform geeignet - Wiki kann aber am einfachsten ausgebaut werden. Direkte Integration des Filesystems ist technisch anspruchsvoll.	hoch	gering
A6	**Strukturübersicht und Einführungsleitfaden** S. 12	Leicht umsetzbar; hoher Nutzen, da durch Explikation der Struktur die Übersicht und Akzeptanz erhöht wird.	h	g
A1	**Integration Wissensland- karten** S. 19	Integration von HTML oder eingebetteten Dokumenten möglich, Verlinkung zu Themen integriert. Daten werden bei eingebetteten Dokumenten allerdings nicht direkt integriert.	h	g
A11	**Übersicht genutzte Methoden und Werkzeuge** S. 17 f.	Gute Umsetzbarkeit. Integration von Wissensleitbild an zentral zugreifbarer und frei editierbarer Stelle erhöht die Verinnerlichung der Wissenskultur.	h	g
A12	**Briefing bei Mitarbeiterwechsel** S. 17 ff.	Gute Umsetzbarkeit bei vorhandener zentraler Wissenszugriffsstelle.	mittel	g
A10	**Festlegen von Meilensteinen für Forschungsthemen** S. 12 ff.	Gut umsetzbar. Zeitlicher Aufwand gering. Fokussiert und institutionalisiert Forschung stärker, indem Transparenz Vergleichbarkeit schafft.	g	g
A4	**Bildung von Wissenszirkeln** S. 20 f.	Gute Integrierbarkeit, geringer technischer Aufwand, hoher Zeitaufwand.	m	m
A3	**Regelmäßige Treffen und Dokumentation** S. 20	Technisch ist eine regelmäßige Dokumentation durch Lessons Learned, Best Practices oder Storytelling sinnvoll. Die Methoden lassen sich gut in die zentrale Plattform einbinden. Zur Umsetzung muss die Regelmäßigkeit von organisatorischer Seite sichergestellt werden (Zeitaufwand).	h	m
A2	**Integration Prozessabläufe** S. 12 ff.	Einbettung gut möglich, jedoch müssen Prozessabläufe erst „gezeichnet" werden. Bislang ist keine Einbindung von Visio Modellen möglich, nur Powerpoint -> keine Anbindungsmöglichkeit an Projektmanagementsoftware oder externe Prozessflussformate.	m	h
A7	**Automatisierte Verteilung von Wikiseiten** S. 23	Benutzerrollen werden von WikiDot nicht unterstützt. Erfordert Umstieg auf andere Wikiplattform.	m	h
A9	**Forschungsprojekte als Prozess integrieren** S. 12 ff.	Mittlere Umsetzbarkeit, da hoher zeitlicher Aufwand. Sinnvoll insbesondere im Zusammenhang mit A7 und A10.	m	h
A5	**Präsenz auf Konferenzen** S. 20	Lessons Learned direkt in Wissensdatenbank abbildbar. -> durch Anfahrtswege hoher zeitlicher Aufwand	g	h

4.4 ERGEBNISSE

Die Beantwortung der Fragen [1] „Welche Probleme bestehen bezüglich des Wissensmanagements?" und [2] „Welche Lösungsansätze sind denkbar?" ergibt sich aus der Befragung der Mitarbeiter des Lehrstuhls WI insb. IM und wird in Tabelle 2 bzw. Tabelle 3 dargelegt. Die untersuchten Vorschläge haben keinen Anspruch auf Vollständigkeit, sondern dienen als Anhaltspunkt für mögliche Änderungen.

Die von den Mitarbeitern geschilderten implizit bewussten Ziele sollen im Rahmen der Projektarbeit dokumentiert und externalisiert werden. Frage [3] „Normative / Strategische / Operative Wissensziele?" wird in Abbildung 6 (Seite 7) beantwortet. Die Wissensziele gehen in zusammengefasster Form ins Wissensleitbild ein.

Die Wissensmanagementstrategie umfasst das Wissensleitbild Abbildung 7 (Seite 11) sowie die Umsetzung der Lösungsansätze und deren Evaluation hinsichtlich Umsetzbarkeit, Aufwand und Nutzen. Tabelle 5 beantwortet damit Frage [4] „Welche Lösungsansätze lassen sich im Rahmen einer Wissensmanagementstrategie umsetzen?". Die Evaluation ermöglicht zusätzlich Handlungsempfehlungen hinsichtlich des Umsetzungsvorgehens der Lösungsvorschläge.

4.5 KRITISCHE WÜRDIGUNG UND AUSBLICK

Die Projektarbeit präsentiert eingesetzte Methoden und Probleme am Lehrstuhl WI insb. IM. Die Analyse zeigt, dass bislang keine ideale zentrale Wissensmanagementplattform existiert. Da ein Wiki am ehesten als zentrale Plattform geeignet ist, das derzeit genutzte Wiki aber hinsichtlich des Speicherplatzes, des Berechtigungssystems und der Erweiterbarkeit vergleichsweise unflexibel ist, sind alle Templates mit HTML Elementen aufgebaut und lassen sich so in jedes Wiki einbinden.

Der Prozess der Erkenntnisgewinnung sowie die Bewertung der Umsetzbarkeit und des Aufwands sind auf den Lehrstuhl WI insb. IM ausgelegt. Das Vorgehen und die gewonnenen Erkenntnisse lassen sich auf andere Einrichtungen dieser Größe im Forschungssektor übertragen. Eine detaillierte Messung der Nutzeffekte der eingeführten Methoden ist zum Beispiel mithilfe der Faktorenanalyse-Methode KnowMetrix (Lehner u. a., 2009) möglich und kann Bestandteil weitergehender Arbeiten sein.

LITERATUR

Derboven, W., Dick, M., & Wehner, T. (1999). *Erfahrungsorientierte Partizipation und Wissensentwicklung: Die Anwendung von Zirkeln im Rahmen von Wissensmanagementkonzepten.* TUHH.

Kallus, K. W. (2010). *Erstellung von Fragebogen* (1. Aufl.). UTB, Stuttgart.

Lehner, F., Amende, N., Wildner, S., & Haas, N. (2009). *KnowMetrix -Erfahrungen mit der Erfolgsbewertung im Wissensmanagement in einem mittelständischen Unternehmen.*

Lehrstuhlwebsite. (2009). TUD - Lehrstuhl für Wirtschaftsinformatik insb. Informationsmanagement - Forschung. Abgerufen Januar 19, 2011, von http://tu-dres-den.de/die_tu_dresden/fakultaeten/fakultaet_wirtschaftswissenschaften/wi/wiim/forschung.

Nonaka, I., & Takeuchi, H. (1995). The knowledge-creating company. *New York, 1, 995.*

OffiSync. (2011). Abgerufen Februar 15, 2011, von http://www.offisync.com/.

Patton, M. Q. (2001). Evaluation, knowledge management, best practices, and high quality lessons learned. *American Journal of Evaluation, 22,* 329–336.

Picot, A., & Franck, E. (1988). Die Planung der Unternehmensressource "Information".

Polanyi, M., & Sen, A. (2009). *The tacit dimension.* University of Chicago Press.

Probst, G., Raub, S., & Romhardt, K. (2006). *Wissen managen: Wie Unternehmen ihre wertvollste Ressource optimal nutzen* (5. Aufl.). Gabler, Betriebswirt.-Vlg.

Rehäuser, J., & Krcmar, H. (1996). *Wissensmanagement im Unternehmen.* Lehrstuhl für Wirtschaftsinformatik, Univ. Hohenheim.

Sandra Speaks on Instructional Design: e-learning Mind Map. (2010). Abgerufen Februar 28, 2011, von http://sandraspeaksblog.blogspot.com/2010/09/e-learning-mind-map.html.

SpartanTeX. (2011). Abgerufen Februar 17, 2011, von http://tex.uncg.edu/about.html.

Steinmüller, W. (1993). *Informationstechnologie und Gesellschaft: Einführung in die angewandte Informatik.* Wissenschaftliche Buchgesellschaft.

Strohner, H. (1990). Information, Wissen und Bedeutung. *Information und Kommunikation, Frankfurt/M.*

Syncplicity. (2011). . Abgerufen Februar 15, 2011, von http://www.syncplicity.com/.

Ulrich, H., & Krieg, W. (1973). *Das St. Galler Management-Modell.*

Wikidot - Modules Documentation. (2011). Abgerufen Februar 15, 2011, von http://www.wikidot.com/doc:modules.

WikiDot API Documentation. (2011). Abgerufen Februar 15, 2011, von http://developer.wikidot.com/doc.

WikiDot Code Snippets. (2011). Abgerufen Februar 15, 2011, von http://snippets.wikidot.com/.

WikiMatrix - Compare them all. (2011). Abgerufen Februar 15, 2011, von http://www.wikimatrix.org/.

5 ANHANG

5.1 INTEGRATION EINES BEISPIELPROZESSES

1. Herunterladen und Installation von Offisync (**"OffiSync," 2011**) [16]

2. Modellierung in Powerpoint / Impress:

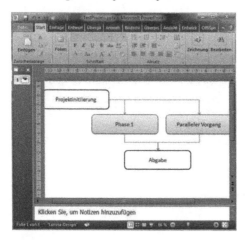

3. Veröffentlichen in Google Docs (nur einmalig):

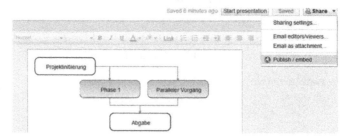

4. Einbinden des Frames in das Wiki:

```
<iframe
src="https://docs.google.com/present/embed?id=ddpdqp6b_9gdcr8pdt&size=l"
frameborder="0" width="700" height="559"></iframe>
```

---

[16] http://www.offisync.com/

Für WikiDot Syntax muss das iframe Objekt geändert werden:

[[iframe https://docs.google.com/present/embed?id=ddpdqp6b_9gdcr8pdt&size=l frameborder="0" width="700" height="559"]]

Damit ist das Objekt eingebunden und kann von beiden Seiten aus geändert und synchronisiert werden.

5.2 TEMPLATES

5.2.1 WIKIDOT TEMPLATE ÜBERSICHTSSEITE

```
[[div style="float:right; width: 35em; padding: 0 1em; margin: 1em 0 1em 1em; border-left: solid #888888 1px; background-color: #FFFFFF;"]]
+ Struktur des Wikis:
[[module PageTree root="start" showRoot="true" depth="30"]]
[[/div]]

* [[[Wiki-Administration]]]
* [[[Wissensleitbild]]]
* [[[Wissensträger]]]
* [[[Organisationsabläufe]]]
* [[[Forschungsprojekte]]]
* [[[Gemeinsame Publikationen]]]

[[module Comments hide="true"]]
```

5.2.2 WIKIDOT TEMPLATE WISSENSLEITBILD

```
[[div style="float: right; width: 55%; padding: 0 1em; margin: 1em 0 1em 1em; border-left: solid #888888 1px; background-color: #FFFFFF;"]]
++ Strategisch:
[[iframe https://docs.google.com/present/embed?id=ddpdqp6b_78fgmdchds&size=m frameborder="0" width="100%" height="700px"]]
   [[/div]]
   [[div style="float: right; width: 36%; padding: 0 1em; margin: 1em 0 1em 1em; background-color: #FFFFFF;"]]
++ Normativ:

      [[f<image linksgross.png]]
      [[div style="width: 360px; height: 360px;position:relative; top: 30px; left: 40px;"]]
         [[div style="border:1px solid #000;width: 360px; height: 180px;position:relative; top: 0px; left: 0px;"]]
**Kultur:**

- Zentrale integrative und kollaborative Wissensdatenbank
- Nutzung gemeinsamer Wissensbasis vereinfachen --> höhere Akzeptanz
         [[/div]]
         [[div style="border:1px solid #000;width: 360px; height: 180px;position:relative; top: 0px; left: 0px;"]]
**Strategie:**

- Konzentration des Forschungsschwerpunkts
- Forschung höheren Stellenwert einräumen
- Wissenserwerb durch Kooperationen / Konferenzen stärken
         [[/div]]
      [[/div]]
   [[/div]]
```

5.2.3   WikiDot Template Wissenstopologiekarte

+ Wissenstopologiekarte:

```
[[table style="border: 2px solid black;padding: 1px; margin: 24px"]]
        [[row]]
                [[cell style="background-color: silver"]]
                [[/cell]]

                [[cell style="background-color: silver"]]
                Fachbereich Elearning
                [[/cell]]

                [[cell style="background-color: silver"]]
                Fachbereich CMS
                [[/cell]]

                [[cell style="background-color: silver"]]
                Organisatorisches Wissen
                [[/cell]]

                [[cell style="background-color: silver"]]
                Datenadministration
                [[/cell]]
        [[/row]]

        [[row style="border: 1px solid silver"]]
                [[cell]]Person 1[[/cell]]
                [[cell style="background-color: white;"]][[/cell]]
                [[cell style="background-color: silver;"]][[/cell]]
                [[cell style="background-color: black;"]][[/cell]]
        [[/row]]
        [[row style="border: 1px solid silver"]]
                [[cell]]Person 2[[/cell]]
                [[cell style="background-color: silver;"]][[/cell]]
                [[cell style="background-color: white;"]][[/cell]]
                [[cell style="background-color: white;"]][[/cell]]
                [[cell style="background-color: black;"]][[/cell]]
        [[/row]]
[[/table]]
```

Legende:

```
[[table style="border: 2px solid black;padding: 1px; margin: 24px"]]
        [[row]]
        [[cell style="background-color: silver;"]]Farbe[[/cell]]
        [[cell style="background-color: silver;"]]Bedeutung[[/cell]]
        [[/row]]
        [[row]]
        [[cell style="background-color: black;"]][[/cell]]
        [[cell style="background-color: white;"]]Hohe Wissenspräsenz[[/cell]]
        [[/row]]
        [[row]]
        [[cell style="background-color: silver;"]][[/cell]]
        [[cell style="background-color: white;"]]Mittlere Wissenspräsenz[[/cell]]
        [[/row]]
        [[row]]
        [[cell style="background-color: white;"]][[/cell]]
        [[cell style="background-color: white;"]]Geringe Wissenspräsenz[[/cell]]
        [[/row]]
[[/table]]
```

5.2.4 WIKIDOT TEMPLATE LESSONS LEARNED

+ Kooperation ELearning

++ Lessons Learned

+++ Definition Betrachtungsgegenstand (Lesson)?
Weiterentwicklung Wiki Lehrstuhl WI insb. IM zu zentraler Wissensdatenbank.

+++ Defintion Ziel/Ergebnis (learned)?
Wiki wird als zentraler Zugriffspunkt genutzt.

+++ Beteiligte (who learned)?
Lehrstuhlmitarbeiter

+++ Beleg für die Lesson?
Inhaltliche Ausrichtung des Wikis, Detaillierungsgrad.

+++ Beleg, dass gelernt wurde?
Nutzungsstatistiken des Wikis, Befragung.

+++ Kontextgrenzen (Unter welchen Bedingungen trifft das Ergebnis zu)?
Einbindung der Forschungsthemen aufgrund hoher Wissenskomplexität aufwändig --> Hier andere Plattform nutzen, diese aber anbinden.

+++ Kann die Lesson beispielhaft für andere Praxisfelder angewant werden?
Plattformen für andere Lehrstühle denkbar --> Möglichkeit der Verknüpfung prüfen.

+++ Wen können die Ergebnisse interessieren?
Lehrstuhlmitarbeiter, Wissensmanagement-interessierte

+++ Welche für Belege sind für die maßgeblich?
Emprische Studien und Analysen

+++ Verbindungen zu anderen Lessons?
Wissensmanagement Werkzeuge und Methoden, Vergleich mit Arbeit nur über Filesystem.

5.2.5 WIKIDOT TEMPLATE WISSENSZIRKELMETHODEN

+ Methoden
++ Rollenspiel
++ „Rat der Weisen"
++ Mind Mapping

[[iframe https://docs.google.com/present/embed?id=ddpdqp6b_79gxx4sbgt&size=1 frameborder="0" width="700" height="559"]]

++ Beschreibung über den Wechsel von Abstraktionsebenen
++ Entwicklung eines Gruppenarbeits-Bewertungsbogens
++ Erarbeitung situierter Selbstbeobachtungsleitfäden